Lik 7/596

ETRENNES

AUX TROIS ANDRÉS,

OU

APOLOGIE

Du Précis Historique sur l'Année Séculaire de la Délivrance de la Ville d'Auxerre, contre les Observations d'un Anonime insérées dans le Journal de Verdun du mois d'Octobre 1769.

Pour l'Année 1770.

EPITRE DEDICATOIRE

A Messieurs

LES TROIS ANDRÉS,

Excellens Littérateurs, Historiens fidèles, Personnages d'un goût exquis, exacts Grammairiens, &c. &c. &c.

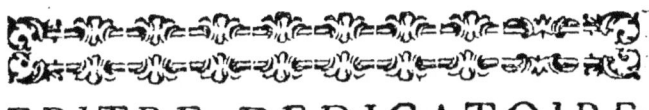

MESSIEURS & CHERS MAITRES,

Ce n'est pas assez d'avoir admiré les belles Observations dont vous venez d'enrichir le Journal historique de Verdun du mois d'Octobre ; comme vous m'avez prouvé que vous m'aimiez beaucoup, puisque vous avez pris tant de peine pour me corriger, *qui bene amat bene castigat*, je veux aussi à mon tour être beaucoup reconnaissant. Je ne le serai jamais assez, si je considére les bontés que vous avez eu pour moi & pour mon Précis Historique ; c'est pourquoi j'espére que vous voudrez bien accepter ces petites Etrennes que j'ai composées, pour vous faire voir combien votre disciple a profité de vos leçons. Il me paraît, mes chers Maîtres, que j'irais loin, si j'avais l'avantage d'être longtems le tendre objet de vos instructions & de votre affection, je serais au moins très-fâché de vous être trop à charge : ne vous épuifez pas davantage pour moi, je vous en fupplie ; je commence à m'appercevoir que je fuis en état de me conduire feul : votre fanté eft trop précieufe au Public, & à moi en particulier, pour que j'en abufe. Je vous fais les fouhaits les plus heureux de la nouvelle année ; & pour qu'ils aient leur effet, je vous confeille de ne pas trop vous expofer au grand air, il pourrait vous nuire : fi nous ajoutons foi aux prédictions de nos plus fameux Aftrologues, les refroidiffemens de cerveau, la ftupeur des nerfs, la fufpenfion des efprits animaux, font fort à craindre pendant cet hiver ; au Printems l'on fera fujet aux fontes d'humeur, aux réfolutions de nerfs, aux coups de foleil ; l'Eté fera principalement remarquable par les defféchemens du crâne, l'épuifement des efprits vitaux, par les fréquens orages & les coups de tonnerre qui épouvanteront la nature, & déconcerteront pendant cette faifon les plus intrépides. Les enragés d'Aftrologues ne s'en tiennent pas là, ils prétendent que cette année fera fort fatale à la vue affoiblie, & bien davantage aux courtes vuës ; il n'y aura, felon eux, que l'Automne qui fera tant foit peu favorable. En conféquence, mes chers Maîtres, fi vous fuivez mes avis, (feroit-il poffible que j'en donnaffe à des Maîtres qui font la prudence même, *ne fus Minervam ?*) Vous ne vous expoferez au grand air que très - rarement encore avec précaution, quant même ces prédictions feroient fausses ; attendu que votre santé, votre vue & la force de vos esprits ont été sans contestation fort altérées par vos grands travaux littéraires ; que, par une modestie qui en fait le moindre mérite, vous couvrez du voile de l'Anonime. Je vous parle au reste en Médecin, qui vous aime trop pour ne pas vous prévenir sur ce qui peut vous être utile tant pour la santé du corps, que pour celle de l'esprit.

J'ai l'honneur d'être avec la soumission si convenable à un bon disciple, Q. S. F. G. D. V. P., ou bien qui se fait gloire de vous plaire.

MESSIEURS & CHERS MAÎTRES,

Votre très-humble & très-obéissant serviteur, HOUSSET, Méd.

ETRENNES

De M. HOUSSET,

Médecin des Hôpitaux,

AUX TROIS ANDRÉS,

OU

APOLOGIE

De son Précis Historique, &c. contre les Observations d'un Anonime insérées dans le Journal de Verdun, Octobre 1769.

JE ne me serais jamais imaginé, lorsque j'ai composé mon Précis Historique sur l'Année séculaire de la délivrance de notre Ville, que le sujet d'un amusement deviendrait celui d'une dispute littéraire : mon dessein était de faire connaître le zèle de nos ancêtres pour l'intérêt de la Religion, leur attachement au légitime Souverain, leur amour pour la Patrie ; je voulais en même-tems faire voir que les sentimens qui les animaient, étaient fidélement représentés par l'ardeur qu'ont fait paraître les principaux Ordres de la Ville, dans les différentes cérémonies, pratiques de piété & réjouissances qui ont distingué ce jour célèbre dans nos Annales particuliérement consacré à solemniser la fête de cette année séculaire : tout y est exposé avec ordre & précision, la description en est vraie & claire, son stile est des plus correct, les réflexions que j'y ai faites, ont une liaison intime avec les événemens qui m'ont occupé ; en un mot, si vous exceptez quelques fautes d'impression, ou même, si l'on veut, fautes d'écriture, qui ont défiguré les noms de MM. Thuillant, Creux, Thiot, & Liger de Tremilly, tout y est marqué au coin du vrai. J'ai donc eu lieu d'être surpris de voir dans le Journal de Verdun, (ce trésor du bon goût & de la littérature française) une très-mauvaise critique contenant seize articles d'observations, dans lesquelles l'Auteur peu fidèle dans les citations qu'il rapporte, réunit l'artifice au défaut de jugement, de vérité & de connaissance tant de la signification des termes consacrés aux choses dont j'ai parlé, que des faits historiques qu'il prétend relever avec justice, *pour détromper les étrangers & la postérité.*

Un pareil ouvrage méritait sans doute d'être enseveli avec son Auteur dans le plus profond oubli ; aussi je n'aurais pas daigné y répondre, si je n'avais jugé qu'il était important, pour l'intérêt de la vérité, de ne pas laisser à l'Anonime la satisfaction d'avoir sur-

A iv

pris la religion du Public, & celle du sçavant Auteur du Journal, si considéré dans la république des Lettres : je vais en conséquence le réfuter par les réflexions suivantes.

I. Si le Critique avait fait attention à l'ordre qui règne dans mon Précis, & à la force des expressions dont je me suis servi, il n'aurait pas soutenu que *j'ai mêlé & confondu ce qui se fait tous les ans avec ce qu'on a ajouté l'année 1768 pour rendre la cérémonie plus solemnelle.* Art. I. Il n'aurait pas non plus prétendu que *j'ai dit, que ce jour est solemnisé tous les ans par un* Te Deum. *Ibid.* L'ordre que j'ai suivi dans ma narration est simple & méthodique ; après avoir donné un tableau sommaire de l'état déplorable où notre Ville s'est trouvée réduite, lorsque les Huguenots s'en sont rendus les maîtres, des crimes, des profanations & des sacriléges qui s'y sont commis jusqu'au moment de sa délivrance ; je me suis exprimé en ces termes : « Les habitans ont desiré réparer » ces horribles scandales, ils ont voulu en » conséquence que le jour de la délivrance » de leur Patrie fût solemnisé tous les ans le » jour de la Quasimodo par une Procession » faite de la manière la plus auguste, par un » Te Deum & un Salut chantés en réjouissan- » ce de cet événement, & pour remercier » Dieu des témoignages de sa bonté & de sa » clémence qui ont éclaté en faveur de cette » Ville. » *Page* 208. Je fais voir ensuite que leurs pieuses intentions ont été très-dignement remplies par le zèle qu'ont fait paraître Messieurs les Officiers Municipaux & l'assemblée des Notables, en faisant exécuter toutes choses relativement à la description que j'en ai donnée. Je finis mon récit par deux traits d'histoire particuliers à notre Ville, suivis de réflexions judicieuses déduites des faits précédens, & par une observation infiniment honorable au Chapitre de la Cathédrale & aux Officiers Municipaux, qui ont préféré la distribution de pain en faveur des pauvres, à l'usage qui s'étoit déja pratiqué de porter des cierges à la Procession dont j'ai parlé. (*a*)

D'après ce plan & le téxte que je viens de rapporter, tout homme réfléchi pensera que je n'ai pas voulu faire mention de ce qui se pratique annuellement le jour de la Quasimodo; mais uniquement du vœu de nos ancêtres dont il falloit instruire le Public, avant que de décrire la maniére majestueuse dont il a été rempli au moins le jour de la Fête séculaire par les soins des Officiers Municipaux : les Auxerrois seraient sans doute fort édifiés, si ce vœu étoit accompli tous les ans dans son entier; mais ce n'est pas à moi à prescrire ce que l'on pourrait faire sans gêne. Je n'ai donc pas dis que le *Te Deum était chanté tous les ans le jour de la Quasimodo*, & par conséquent il n'y a pas de confusion dans mon Précis. Cette erreur de l'Anonime ne peut

(*a*) Mémoire manuscrit de M. Grasset & autres Anonimes.

être qu'un effet de son peu de jugement ou de sa mauvaise foi : je lui laisse l'option.

L'Anonime, pour terminer son premier article, passe avec un ton de bonhommie de l'injustice à la plaisanterie ; il ne se fait pas de scrupule de tronquer les passages pour rendre ridicule ma narration.

Le Sermon prononcé par le Théologal, ayant pour objet *la délivrance de la Ville*, comme je l'ai dit *pag.* 210, étoit trop intéressant pour le passer sous silence ; en cela j'ai suivi les traces de Dom Viole, de Mrs Grasset & le Beuf, qui n'ont pas manqué de dire dans leurs Ecrits, que tel était le sujet de ce Sermon. De plus il est bien vrai qu'on chante *Vêpres tous les jours* dans notre Cathédrale, le Chapitre est trop régulier pour manquer à ce devoir ; mais il n'est pas vrai qu'on les chante tous les jours solemnellement suivies d'un Salut & d'un *Te Deum*, & l'on n'y voit pas *tous les jours* assister tout le Clergé, les différens Ordres de la Ville, & Messieurs de l'Assemblée des Notables représentans les habitans : circonstances qu'un fidèle Historien n'a pas dû oublier, & qu'un Observateur exact n'aurait pas dû se dissimuler, dans le tems même que je les lui mettais sous les yeux ; mais il fallait critiquer, bien ou mal, n'importe, on s'est contenté sans s'embarrasser des suites.

II. L'Anonime me reproche mal-à-propos d'être tombé dans un anachronisme au sujet de M. Dinteville. *Art. II.* « J'ai dis, *pag.* 211. » que le moment ou la cloche de l'Eglise Pa- » roissiale de S. Loup rassembla les habitans, » fut l'époque de la reprise de cette Cité que » l'hérésie ravagea, & dont M. Dinteville » *pour lors* Evêque, ne pût empêcher les pro- » grès malgré les sages précautions qu'il prit » de chasser les Maîtres d'Ecole répandus » dans tous les quartiers qui enseignaient » l'erreur. » Si notre Critique n'eut pas encore manqué de jugement, il se serait apperçu 1°. que mes expressions ne dénotant pas un tems présent ni récemment passé, annoncent un tems bien antérieur à la prise de la Ville d'Auxerre. 2°. Que les ravages dont je parle, devant être pris dans un sens spirituel, indiquent naturellement l'Episcopat de M. Dinteville : en effet ce Pasteur vit avec la plus amère douleur l'hérésie se servir de moyens efficaces, pour s'accréditer dans l'esprit des fidèles & empoisonner leur cœur : d'un côté elle suscitait des faux Apôtres qui abusaient du talent de la prédication pour détruire l'Evangile de J. C. ; d'un autre côté, elle faisait établir des Maîtres d'Ecole dans les divers *quartiers* de la Ville & *Cantons* du Diocèse qui faisaient sucer aux enfans le poison de l'hérésie avec le lait : peut-il y avoir dans l'ordre de la Religion des ravages plus considérables que ceux qui sont occasionnés par ces sortes de Ministres ? Les désordres temporels qui en ont été les tristes effets, ne font rien en comparaison ; aussi notre religieux Prélat sentant de quelle conséquence il était de ne pas laisser subsister plus longtems dans son Diocèse de pareils abus, prit le parti, comme le fait tout habile Médecin, de combattre le mal dans sa source, il chassa les Prédicateurs & les Maîtres d'Ecole qui exerçaient sans mission.

Si j'ai prétendu que malgré les sages précautions que son zèle apostolique lui faisaient prendre, il ne put empêcher les progrès de l'hérésie, c'est parce que l'ivraye avait germé en trop grande quantité dans le champ du pere de famille, pour ne pas nuire au bon grain, en l'empêchant de venir à profit : que l'on consulte l'Histoire de M. le Beuf, *pag. 82. & suiv.* on verra clairement que je ne parle que d'après ce pieux & sçavant compatriote : ne dit-il pas expressément, (après avoir parlé de l'expulsion des Prédicateurs & Maîtres d'Ecole sans mission) *que quelque saint que fut l'usage que M. Dinteville fit de l'autorité que Dieu lui avait donnée, il eut la douleur de trouver la zizanie répandue dans son Diocèse sans pouvoir l'arracher.* pag. 82 & 83. J'ai ajouté, il est vrai, que *cette précaution avait été trop tardive.* pag. 211. (En cela je me suis rencontré sans le sçavoir avec Dom Viole dans son tableau de la surprise d'Auxerre, *pag.* 10. *manusc.*) parce qu'en fait d'hérésie, il en est comme des maladies contagieuses ; si dès le commencement on ne se sert pas des remédes propres à les combattre, le mal s'étend & empire, le reméde vient trop tard ; *principiis obsta, serò medicina paratur*. Cela est sûrement arrivé sous l'Episcopat de Mrs Dinteville ; le premier prit des tempéramens de prudence conformément au tems des troubles qui agitaient pour lors la France, les Huguenots profiterent de ces circonstances favorables pour former des plans, dont l'exécution adroitement ménagée devait donner du crédit à leur pernicieuse doctrine ; le second trouva, lorsqu'il prit possession de son Siége, des établissemens & des usages, qu'il ne voulut pas d'abord détruire, parce qu'ils avaient toute l'apparence du bien public, il ne s'apperçut que trop tard que la plus grande partie de son Diocése était infectée par l'héréfie ; c'est pourquoi les remédes qu'il employa ne produisirent pas l'heureux effet qu'il en attendait. Voilà la raison qui m'a déterminé à dire que *la précaution avait été trop tardive*.

Mais pourquoi, dit ici l'Observateur, l'Auteur ne parle t-il pas des Prédicateurs sans mission ? *Art. III.* La réponse n'est pas difficile à donner ; les Maîtres d'Ecole, sans le secours des Prédicateurs, suffisent seuls (lorsqu'ils sont héretiques) pour empoisonner promptement la Cité sainte ; parce que leurs instructions, dont personne ne se défie, font sur l'esprit des enfans une impression qui, se fortifiant avec l'âge, s'efface très-difficilement & fait des progrès rapides dans la société ; *sermo eorum ut cancer serpit* (*a*). Il était donc inutile de parler des Ministres de la parole dont on éclaire assez ordinairement les discours & la conduite, quoique d'ailleurs M. Dinteville ait bien fait de les chasser avec les Maîtres d'Ecole ; attendu que les uns & les autres étaient sans mission.

Si cet exemple de sévérité & de zèle apostolique est louable, s'il doit être imité par tous les Evêques, si au contraire un défaut de vigilance sur *la conduite, les mœurs & les sentimens des Maîtres d'Ecole* est condamnable, sur tout lorsqu'il expose aux dangereuses conséquences que j'ai crayonnées dans mon Précis ; pourquoi n'en aurais-je pas fait la matière d'un avis général *pag*. 211., qui n'est inintelligible que par l'obscurité que l'Anonime veut y répandre, & par des questions artificieuses *art. IV.* que la prudence écarte sans blesser la vérité ; mais comme il me paraît Auxerrois, puisqu'il parle de nos usages *art. IX.* & de notre patrie *art. XV.* je lui conseille de n'être plus choqué de mon zèle pour la religion que nous professons tous les deux, autrement il ferait croire qu'il tient à quelques-unes de ces familles calvinistes établies sur les confins du Diocèse qui par une providence particulière n'ont osé ni pu fixer leur domicile dans Auxerre depuis sa délivrance,

(*a*) Epist. 2. ad Timoth. cap. 2. v. 17.

au rapport de Dom Viole (*a*), Mrs le Beuf (*b*) & Graffet. (*c*)

Il résulte de tout ce que je viens de dire, 1°. que je ne suis pas tombé dans l'anachronisme que le Critique me reproche; 2°. que je n'ai pas commis trois fautes opposées à M. le Beuf & à la vérité; 3°. que mes réflexions ne sont obscures & peu justes que par les ténèbres qu'y répand le Censeur, par son peu de fidélité dans le rapport des textes dont il cache une partie, & par l'artifice que lui inspire une secrette malignité dont je ne suis pas la dupe. Les principes que je viens de poser font assez connaître, qu'il était fort inutile de parler du mal qu'avait pu occasionner l'absence du Cardinal de la Bourdaisiére qui n'était Evêque d'Auxerre qu'en 1563 & non en 1560. Anachronisme que l'Anonime regardera sans doute comme de peu de conséquence ; mais qui doit pourtant paraître d'autant plus frappant, qu'il le fait dans le tems même qu'il m'en reproche un autre que je n'ai pas commis.

Il était non seulement inutile de faire mention dans mon Récit de l'absence de M. de la Bourdaisiere ; mais j'aurais parlé contre la vérité, si j'avais dit, comme l'avance M. le Beuf, que les ennemis de la foi ne tirerent pas peu d'avantage de cette absence ; *pag* 104. parce qu'en cela je me ferais écarté du senti-

(*a*) Mémoire de la célébre Procession, *pag.* 60. (*b*) *Pag.* 159. & suiv. (*c*) *Pag.* 8.

ment de Dom Viole que notre Auteur le fait un devoir de rédiger, comme il en convient au commencement de sa Préface. Or écoutons ce sçavant Bénédictin. *Pag.* 12. « Premiére-
» ment, pour ce qui touche l'Eglise Cathé-
» drale, elle avait pour Evêque en ce tems-
» là le Cardinal Philbert Babou de la Bour-
» daisiere, qui avait presque toujours été
» Ambassadeur à Rome des Rois Très Chré-
» tiens, Henri II, François II. & Charles IX.
» sous les Souverains Pontifes Paul IV., Pie
» IV. & Pie V.; & par conséquent légitime-
» ment empêché aux affaires importantes de
» la Monarchie extrêmement troublée par les
» Huguenots; ainsi on ne peut imputer ou à
» sa négligence, ou à son absence, le relâche
» de la discipline ecclésiastique, s'il y en
» avait un trait dans son Clergé, pour la ré-
» formation duquel les Huguenots se van-
» taient d'avoir pris les armes; & par ainsi
» ce digne Prélat ne doit pas être mis au
» nombre de ceux de qui Pierre de Blois a
» parlé dans son Epître 37e en ces termes :
» *Pastorum absentia & negligentia tantum infert*
» *Ecclesiis læsionem, ut quid facile brevi tempore*
» *in moribus periit, vix multò labore, multâ vi-*
» *gilantiâ, longo temporis spatio instaurari va-*
» *leat.* » Il résulte de ces paroles, que si j'ai suivi M. le Beuf en certains points incontes- tables, je ne dois pas adopter son sentimeut dans d'autres opposés à celui des Auteurs dont il a tiré tous ses éclaircissemens pour la

perfection de l'Histoire qu'il a publiée, & encore moins en faire cas, lorsqu'ils n'ont qu'un rapport médiat aux choses dont j'entretiens mes Lecteurs ; d'ailleurs la réflexion que fait M. le Beuf pouvait être, dans le tems qu'il a travaillé son histoire, plus politique que conforme à la vérité ; c'est pourquoi nous sommes bien éloignés de souscrire à l'observation de l'Anonime.

III. L'usage de porter des cierges le jour de la Quasimodo, a subsisté dans le siécle passé. Un certain nombre de filles que l'on appellait Nonnes, parce qu'elles étaient vêtues en blanc & voilées, assistaient à la Procession & aux Offices, tenant en main un cierge blanc allumé, pour faire amende honorable au S. Sacrement, elles se trouvaient au nombre de plus de trois cens le jour de la solemnité séculaire 1668. (*a*) C'est ce qui a engagé Mrs les Officiers Municipaux à représenter en 1768 à Mrs les Vénérables du Chapitre de la Cathédrale, qu'il serait bon que le jour de la Fête de l'Année séculaire, le Clergé & les Corps de la Ville portassent un cierge blanc allumé conformément à ce qui s'était déja pratiqué ; mais le Chapitre ayant jugé, qu'il serait plus expédient d'appliquer l'argent destiné à l'achat des cierges à une distribution de pain en faveur des pauvres, elle a été faite au dépens du Chapitre & de la Ville. Cette délibération étoit d'autant plus

(*a*) Mémoire de M. Grasset. Pag. 3.

fage, que l'on commençait pour lors à exécuter *le plan admirable de la deſtruction de la Mendicité*; & que depuis ce tems cet exemple de charité a excité le zèle de nos Concitoyens au point que nous avons cette conſolation de n'appercevoir preſque plus de mendians dans notre Ville, tandis que ci-devant nous en étions aſſaillis. L'Anonime a donc tort de me contredire dans ce que j'avance ſur l'ancien uſage de porter des cierges le jour de la Quaſimodo, il a encore plus de tort de dire que je n'ai pas fait honneur au Chapitre d'une aumône auſſi-bien placée; *art. V.* puiſque j'ai dis en propres termes : *qu'elle avait été faite conformément aux concluſions du Chapitre & des Officiers Municipaux. Pag. 211. &* 212. L'Anonime ſeroit-il fâché de ce que je partage le mérite de cette bonne œuvre entre le Chapitre & les Officiers de Ville ? Je ne parle que d'après les faits, & en cela je m'acquitte du devoir d'un fidèle Hiſtorien, comme il auroit dû s'en faire un d'être meilleur obſervateur *art. VI.*, & d'appercevoir la liaiſon qui ſe trouve entre cette aumône & la deſtruction de la mendicité.

IV. Les Dictionnaires de Richelet, de Trévoux, de l'Abbé Dannet, de Boudot, celui des Synonimes Français, le Manuel Lexique, l'Apparat Royal, &c. &c. s'accordent pour donner le nom de Baſilique aux Egliſes ou à de grandes ſalles, ſinguliérement à celles qui ont en dedans une double rangée de colonnes, avec nef, galeries & aîles collatérales; telle est l'idée que s'en est formée le célèbre Architecte Perrault qui a fixé l'application de ce terme selon les régles de son art : je ne suis pas obligé d'être plus éclairé que ces Sçavans, qui doivent servir de modèles. Or, d'après leurs sentimens, je soutiens que l'Eglise Paroissiale de S. Loup doit être appellée *Basilique*; elle renferme dans son intérieur une double rangée de colonnes avec nef, chœur, sanctuaire, & deux bas côtés ou aîles collatérales, & des Chapelles de bon goût dont les croisées répandent dans ce beau vaisseau un grand jour. Cette Eglise a outre cela une petite tour d'un travail délicat dans le goût gothique, une double entrée & un grand portail qui figure comme ceux de la Cathédrale, elle mérite donc le nom de *Basilique* que je lui ai donné dans mon Précis, parce qu'elle a été construite sur le modèle des anciennes Basiliques, qu'elle est grande & belle, qu'elle est ancienne, puisqu'elle a commencé à servir de Paroisse vers l'an 1143 selon M. le Beuf, *pag.* 21 *de sa Préface*, quoique bâtie bien auparavant ; parce qu'enfin ce célèbre Antiquaire, qui sçavait peser la signification des termes, accorde ce nom distingué à des Eglises qui ne sont ni si belles, ni plus anciennes que l'Eglise de S. Loup ; on s'en est même servi pour exprimer des Chapelles particuliéres. Telle est celle de saint Michel *pag.* 27. renfermée dans l'enceinte du grand Cimetiére, maintenant connue sous le nom de Chapelle de la Vierge de Miséricorde; elle est fort ancienne dans Auxerre, & renommée par la Confrairie qui s'est formée le jour de la Fête de la Préfentation de la Vierge en 1358, pour accomplir le vœu des habitans, qui se mirent sous la protection spéciale de la sainte Vierge, après avoir été délivrés le 8 Septembre de la même année de l'oppreffion des Anglais: la Fête de la Préfentation s'y célébre folemnellement tous les ans en mémoire de cette délivrance: il y a ce jour-là Grand'Messe, Sermon, Vêpres, Salut & Proceffion du S. Sacrement; on y dit auffi la Meffe & les Vêpres tous les Dimanches & Fêtes de Vierge au dépens des Confreres qui sont encore en grand nombre, quoique moindre que ci-devant, parce que l'esprit de piété dégénére & se reffent de la Philofophie du fiécle.

Je fçais auffi-bien que l'Anonime que, selon certains Ecrivains, le terme de *Bafilique* ne doit être employé que pour fignifier les Eglifes principales. Les Auteurs du Dictionnaire de l'Académie, ou plutôt les 40 de l'Académie Françaife font de cet avis; ceux qui ont compofé le *Nouveau Vocabulaire français* ont fuivi leur exemple. Nous refpectons infiniment ces autorités, nous fommes même difpofés à foufcrire à l'arrêt qu'ils ont prononcé, mais ils voudront bien nous permettre de propofer nos réflexions, avant que d'adopter ce changement qui s'eft fait depuis peu dans notre langue. Ne ferait-il pas plus naturel, pour éviter la confufion, de diftribuer en quatre claffes les lieux deftinés au culte divin & à la célébration des faints Miftères ? On appelleroit *Bafiliques* les Temples du Seigneur conftruits felon l'idée que nous en a donné M. Perrault ; ce font effectivement les Palais du Roi des Rois qui annoncent le plus de majefté, ils font d'ailleurs conftruits comme les anciens Palais des Empereurs : quel inconvénient y auroit il en leur confacrant ce terme ? On nommerait *Eglifes* ceux qui fans colonnes auraient nef, chœur & fanctuaire ; le mot *Chapelle* conviendrait à ces édifices qui n'ont qu'une nef & un fanctuaire ; & celui d'*Oratoire* défignerait une petite Chapelle où l'on voit fimplement un autel ou des images qui indiquent un lieu faint. Voilà mon idée, que je foumets volontiers au jugement des fçavans confacrés par état à fixer la fignification des termes & à épurer notre langue.

Ce que je viens de dire prouve évidemment, que je ne fuis pas tombé dans l'erreur, en donnant le nom de Bafilique à l'Eglife Paroiffiale de S. Loup ; que mon deffein n'a pas été de me fervir de ce terme, comme le croyant *plus pompeux & plus propre à orner mon récit*, ainfi que le prétend l'Anonime. *art. VII.*

V. Si la Bourgeoifie s'eft mife fous les armes, le jour de la folemnité de l'Année féculaire, ce qu'elle ne fait pas tous les ans, le deffein de la Ville, en la mettant fur pied, était non feulement *d'écarter la foule, & de rendre la marche plus libre*; mais auffi de faire efcorter le faint Sacrement & *les Eccléfiaftiques*, en mémoire d'un attentat horrible commis contre le Saint des Saints, & *des cruautés inouies exercées fpécialement fur le Clergé*. Si l'Anonime était au fait de l'Hiftoire d'Auxerre, il fçaurait qu'un partifan de la Religion prétendue réformée fut affez ofé pour tirer un coup d'arquebufe fur le Saint Sacrement, crime de Lèze-Majefté Divine, qu'on ne fe rappelle qu'en frémiffant, & qui demanderait tous les ans de la part des Auxerrois une amende honorable; il n'ignorerait pas non plus combien de victimes eccléfiaftiques ont été immolées ou expofées à la fureur des Anticatholiques, il n'aurait pas dit que cette idée m'était particuliére. *Pag.* 291 & 292. Je ne me flate pas de l'avoir eue feul, elle eft tout-à-fait analogue à cet efprit de piété qui a animé Meffieurs de l'Affemblée des Notables, elle fe rapporte auffi à l'ordre de la Proceffion & à la marche de la Bourgeoifie dont le Major M. Nizon nous a tracé le plan que nous avons approuvé; le zèle qu'il a fait paraître en cette occafion eft digne d'un bon Citoyen, il mérite des éloges, & eft le fruit des fentimens de religion qui ont diftingué fes ancêtres. J'ai dans mon cabinet un exemplaire du plan dont je viens de parler, il eft une image fidelle de la réflexion que j'ai faite dans mon Précis ; réflexion qui n'auroit pas dû être improuvée par l'Anonime ; mais ne trouvons pas extraordinaire, si tout ce qui nous retrace les sentimens de religion que nous devons avoir n'est pas approuvé de tout le monde, nous vivons dans un siécle où tout ce qui est symbolique paraît superstitieux, & peu digne de fixer l'attention d'un homme d'esprit. La nouvelle Philosophie si fatale à la Religion, renvoye à l'antiquité & aux gens simples les différens objets propres à exciter notre piété ; sur ces principes, on détruit à notre grand regret les monumens d'édification que nos peres avaient élevés dans nos Eglises pour entretenir notre dévotion, on y substitue tout ce que l'esprit de *luxe* peut inventer de plus beau en fer & en marbre, comme si ces deux agens étaient plus propres à réchauffer notre zèle pour le service de Dieu. O tems ! ô mœurs ! ô religion ! les Temples de Sion autrefois si majestueux dans leur simplicité, deviennent les temples du goût & de la mode.

VI. La Procession de la Quasimodo se rend de l'Eglise Cathédrale à la Basilique de S. Germain. Les Religieux de cette Abbaye ont coutume de venir au nombre de six près la porte du Collége ; deux d'entre-eux revêtus de belles Chasubes reçoivent le S. Sacrement porté jusques-là par deux Chanoines, deux l'encensent, & deux l'accompagnent tenant en main un flambeau allumé ; après la Grand'-

Messe, les Bénédictins reprennent le S. Sacrement, & ne le remettent aux Chanoines qu'à la dernière maison de leur Censive : cet usage qui a pour époque l'année de l'établissement de cette célébre Procession, & qui n'a point été interrompu jusqu'à présent, doit certainement être regardé comme un *droit precieux dont jouissent les Bénédictins*. N'y eut-il pas d'arrêts ni de transactions qui les autorisassent à prétendre que c'est un droit, c'est la seule Procession où cet usage a lieu : le jour de la Fête-Dieu, les Chanoines ne se désaisissent pas du S. Sacrement, ils le portent jusques dans l'Eglise de S. Germain ; il n'est pas douteux que si les Religieux prétendoient devoir le prendre ce jour-là, Messieurs du Chapitre ne manqueraient pas de contester cette innovation, de même que les Bénédictins ne souffriront jamais que Messieurs du Chapitre refusent de les charger de ce précieux dépôt le jour de la Quasimodo ; d'un autre côté il est à penser que Messieurs du Chapitre ne se soumettraient pas à cette obligation, s'ils avaient pu s'en dispenser ; de plus ce droit paraît fondé sur la nature des choses, les deux Eglises de S. Etienne & de S. Germain ayant été également en proye à la fureur des Calvinistes, il convient que les deux Chapitres témoignent leur reconnoissance & participent au même honneur ; il est donc probable qu'outre le droit fondé sur une possession de plus de deux siécles, il en

est

& un autre coactif & de convenance que reconnaissent annuellement Mrs du Chapitre.

Ce n'est pas le seul droit que les Bénédictins exercent sur les Chanoines. Les jours de Fêtes de S. Germain 31 Juillet, & de la déposition de ses Reliques 1 Octobre, le Prieur de l'Abbaye représentant l'Abbé, célébre solemnellement la Messe à la tête du Chapitre qui vient en procession dans leur Eglise : un Chanoine est Diacre, un Bénédictin Soudiacre, deux Chanoines & deux Bénédictins sont Chapiers, les Chanoines occupent les stales à droite, & les Religieux en aube les stales à gauche, ayant chacun de leur côté un enfant de chœur. Si l'Anonime desire de plus grands éclaircissemens sur ce qu'il me demande, qu'il consulte les archives des deux Chapitres, il y trouvera sans doute de quoi se satisfaire amplement ; mais en attendant, il ne peut disconvenir que le droit qu'il semble vouloir contester aujourd'hui, n'ayant point été interrompu pendant plus de deux siécles, est devenu incontestable, & qu'il est infiniment plus respectable que celui de porter la robe violette à paremens rouges, que se sont arrogé Messieurs du Chapitre depuis un certain nombre d'années. Le premier qui a introduit cet usage est notre sçavant Chanoine M. le Beuf à la Procession du Jubilé en 1725, selon le témoignage de personnes dignes de foi qui y assistaient. M. de Caylus, cet illustre Prélat, né pour tout ce qui était grand, per-

B

mit que son Chapitre suivit cet exemple ; de manière que depuis ce tems la plûpart des Chanoines d'Auxerre à la mozete près, s'habille comme l'Evêque dont ils se disent les Conseillers-nés ; je dis la plûpart, car plusieurs d'entre eux n'ont point encore voulu adopter cet usage, peut-être parce qu'ils voient que plusieurs Paroisses & Communautés du Diocèse font porter cet uniforme à leurs enfans de chœur, peut-être aussi par prudence. Mais laissons à part le motif de cette bigarure pour nous en tenir au droit qu'il seroit ridicule de contester au bout de 200 ans.

VII. J'ai dis dans mon Précis, *Pag. 209. 210*, que *la Procession arrivée sur la censive de l'Abbaye de S. Germain, le S. Sacrement fut repris par les Bénédictins.* Si le Critique avait bien voulu se donner la peine de se transporter au Collége, & consulter, avant que de faire son Observation, le Régent de Sixiéme, il en aurait appris que le nominatif doit se rapporter au verbe, & s'accorder avec lui en nombre & en personne par la régle *Ego audio* ; il n'aurait pas fait cette inepte question, *pourquoi repris* ? & n'aurait pas ajouté que ce mot (*repris*) pourrait faire croire que les Bénédictins l'avaient déja porté auparavant. Ma phrase ne fait entendre autre chose, sinon que le S. Sacrement qui avait déja été pris par les Chanoines, a été repris par les Bénédictins. On voit dans l'un & l'autre cas, que le S. Sacrement est le nominatif du verbe : cette observation n'est donc pas plus censée que les précédentes ; il en fera de même des fuivantes.

VIII. L'Anonime eft plaifant, lorfqu'il veut m'apprendre la maniére dont je dois m'exprimer : J'ai dis *pag. 210. qu'on admirait dans la plûpart des Citoyens cet efprit de piété, & l'averfion que tout Français doit concevoir de l'héréfie, fource trop frequente des troubles qui régnent dans les Etats.* Il y a plufieurs raifons pour préférer cette diction à celle que voudrait y fubftituer l'Anonime ; la première eft que tout Français eft fuppofé Catholique ; la feconde eft qu'en France plus que par tout ailleurs, l'héréfie de Calvin a caufé des défordres & des ravages dont on a eu peine à arrêter les progrès, & dont il ne refte que trop de veftiges ; la troifiéme, eft que cette hydre qui nous a défolé, a été fpécialement terraffée tant par les pieufes Ordonnances de nos Rois, que par leur amour & leur zèle pour les intérêts de la religion & le foutien de la foi ; amour & zèle dont on ne peut trop rappeller la mémoire, & que nous voyons retracés dans le cœur du plus aimé des Monarques, pour lequel, comme pour la défenfe de la vérité, tout bon François doit toujours être prêt à fe facrifier. J'avoue que fi j'avais pu me fervir du terme d'*horreur* pour exprimer le dégré d'averfion que j'ai pour l'héréfie, je l'aurais employé au gré de l'Anonime ; mais j'aurais eu mauvaife grace de repréfenter à un Public éclairé le Peuple Auxerrois avec des traits peu naturels, qui

B ij

tout au plus feraient admis dans un difcours oratoire & non dans mon récit, où doit régner une noble fimplicité oppofée à l'enthoufiafme, & à tout ce qui pourrait donner l'idée de convulfions.

IX. Le Critique me reproche mal-à-propos d'avoir employé le terme *Gala*, art. XI. pour fignifier le feftin qu'on a donné à l'Hôtel de Ville ; ce terme eft ufité dans les Gazettes de France pour annoncer un feftin fuivi ou précédé de réjouiffances publiques. Or le jour de la Quafimodo, le feftin donné à l'Hôtel de Ville a été précédé d'un feu d'artifice, d'illuminations, de décharges d'artillerie, &c. Le terme *Gala* exprime donc pofitivement l'idée que je voulais donner, & quadre même parfaitement avec la définition de l'Anonime qui dit que *ce mot ne fignifie pas feulement un fouper, mais toutes fortes de réjouiffances*. Ibid.

X. C'eft par honneur que je n'ai rien ajouté au titre d'Archidiacre qui appartient à M. Huet, on comprend affez que j'ai voulu parler de celui d'Auxerre : quand on fait mention de l'Archidiacre de Puifaye, on a toujours foin d'y joindre le lieu de fon diftrict, l'épithète de *Grand* & de *Petit* n'eft relative qu'à l'étendue des Archidiaconnés, quoique celui d'Auxerre ait pas, préféance & voix en Chapitre fur celui de Puifaye, lorfqu'un Canonicat eft uni à leur dignité. L'Anonime doit fçavoir mieux que tout autre qu'il n'en eft pas de l'Archidiacre d'Auxerre, comme du GRAND

Chantre qu'on appelle ainſi pour marquer ſa ſupériorité ſur le Souchantre & ſa Juridiction, comme Maître du chœur, ſur les Chantres, Muſiciens & autres qui forment le bas-chœur, au lieu que le Grand Archidiacre n'a aucune inſpection ni autorité ſur l'autre. L'obſervation du Critique eſt donc tout à fait déplacée; au reſte j'en ferai volontiers uſage dans toute autre occaſion tant je ſuis éloigné de vouloir manquer en la moindre choſe à M. le Grand Archidiacre.

XI. On me reproche encore d'avoir répété juſqu'à trois fois *Dimanche de la Quaſimodo*. Cela n'eſt pas vrai, je ne l'ai dis qu'une fois. On ajoute d'un ton magiſtral, *qu'on dit bien Dimanche de Quaſimodo, & qu'on n'a jamais dit Dimanche de la Quaſimodo*. Cela peut être; mais que le Cenſeur ouvre les Dictionnaires de Richelet & de Trévoux, il y verra qu'on a dit & imprimé *lendemain de la Quaſimodo, Jour de la Quaſimodo*. J'ai donc bien pu dire une fois, *Dimanche de la Quaſimodo*, & à plus forte raiſon juſqu'à deux fois *Jour de la Quaſimodo*; puiſque c'eſt mot pour mot la même expreſſion employée dans Richelet au mot Pasque & Quasimodo.

XII. Il y a apparence que l'Anonime n'a pas lu l'Hiſtoire d'Auxerre par M. le Beuf, puiſqu'il me donne un démenti formel ſur ce que j'ai avancé, *que les hérétiques avoient abbattus preſque tous les Temples*, & qu'il ſoutient *qu'il n'y eut que l'Egliſe de Notre-Dame de*

B iij

la Cité dont une partie fut démolie. Art. XIV. Non seulement cette Eglise fut presqu'entièrement détruite (*a*), mais encore l'Eglise Cathédrale *pag.* 136 *& suiv.*, celle de S. Germain *pag.* 150, de S. Marien *pag.* 152, la Chapelle de Notre-Dame des Vertus & autres furent victimes de leur fureur *pag.* 139; ils les abbatirent en total ou en partie, pour parvenir plus vîte à une entière démolition. Les Huguenots forçaient le petit peuple Catholique à démolir ou à donner cinq sols, prix ordinaire des journaliers de ce tems, de manière que la destruction de toutes les Eglises auraient eue lieu, si la voûte d'une Chapelle située derrière le sanctuaire de l'Eglise de S. Germain n'eut écrasé par sa chûte plusieurs de ceux qui travaillaient à détruire cette Basilique, & n'eut par-là déconcerté les autres. L'exécution du dessein que les Huguenots avaient d'abbattre nos Temples, fut porté à ce point qu'il n'y eut d'épargné, selon M. le Beuf, que l'Eglise des Cordeliers, que ces Anticatholiques avaient choisie pour y faire leur Prêche & leurs assemblées de religion; mais cette indulgence si intéressée de leur part ne fut pas, selon Dom Viole, de longue durée. Cet Auteur nous atteste « que les re-
» belles ayant appris que le Roi Charles IX.
» traitoit d'accommodement, ils vomirent
» le reste de leur rage contre ce même Cou-
» vent de S. François, & ne laisserent de
» tous les édifices que le comble de l'Eglise. »

(*a*) Histoire de M. le Beuf. *Pag.* 141.

Que l'Obfervateur s'inftruife donc avant que de critiquer.

On voit par mes différentes réponfes aux obfervations de l'Anonime, quel cas tout homme éclairé doit faire de cette critique. L'Auteur du Journal n'a pu s'empêcher de remarquer qu'elle était un peu févère en plufieurs points ; mais je crois avoir fuffifamment prouvé qu'elle eft de plus injufte, peu cenfée, minutieufe, & marquée au coin de l'ignorance & de l'artifice dans tous les points; elle pourrait paffer pour excellente fi elle n'avait pas tous les défauts diamétralement oppofés aux qualités effentielles à une faine critique ; ce qui doit paraître d'autant moins furprenant, qu'elle eft le fruit d'un complot formé par trois *Andrés* qui ont pris plaifir à voir mon petit Récit d'un autre œil qu'il ne devait être confidéré : l'un l'a compofée, l'autre l'a corrigée, & le troifiéme l'a revue & augmentée. Je confeille à ce refpectable trio d'Andrés de fe tenir déformais tranquille, & de ne me plus troubler dans mes amufemens littéraires, à moins qu'il n'ait de meilleures obfervations à me communiquer, auquel cas je me ferai un vrai plaifir de m'inftruire avec lui, autrement je déclare aux trois *A.* que je n'y ferai par la fuite aucun droit. Le Public doit leur fçavoir gré d'avoir craint de l'ennuyer, en ne voulant pas relever tous les autres défauts qu'ils difent trouver dans mon Précis ; mais en honneur à quelle efpèce de Public perfuaderont-ils qu'ils ont ufé d'aucun ménagement pour lui, après l'avoir entretenu de la *Quafimodo*, de *Gala*, & autres minuties de cette nature : n'eft-ce pas-là chanter la palinodie ? En mon particulier je leur fuis très-obligé de leur admirable début dans lequel ils m'apprennent quelles font les qualités effentielles à l'Hiftoire, & de l'avis qu'ils me donnent à la fin pour la correction du titre de mon Ouvrage. Mais ne leur en déplaife, je crois celui-ci plus jufte & plus clair : *Précis Hiftorique de ce qui s'eft paffé le jour de la Quafimodo 1768, Fête de la feconde Année féculaire de la délivrance de la Ville d'Auxerre* ; quoique celui dont je me fuis fervi eft auffi exact & plus précis. En effet, que veut dire Précis Hiftorique, finon une petit difcours en forme d'hiftoire. Or on n'a jamais dit Difcoúrs *de* telle chofe, mais *fur* telle chofe. Le titre dont s'eft fervi un Médecin Inoculateur pour annoncer fon Traité de l'Inoculation eft excellent, parce qu'il donne une hiftoire complette, quoique racourcie, de cette nouvelle méthode depuis fon origine jufqu'à nos jours ; & moi je ne donne que l'hiftorique de la Fête de la feconde Année féculaire, fans parler de la première qui aurait rendu l'ouvrage complet.

Je dois auffi à nos Andrés cette juftice d'avouer que la critique qu'ils ont faite de mon Précis, eft pour le ftile le meilleur des Ouvrages qu'ait enfanté cette Minerve à trois fêtes. C'eſt ſans doute en cette conſidération qu'elle a trouvé place dans le Journal de Verdun, Ouvrage fort eſtimé des connaiſſeurs, & qu'on pourrait regarder comme plein de choſes intéreſſantes, utiles & dignes de paſſer à la poſtérité la plus reculée ſans ces mauvaiſes critiques qui s'y gliſſent quelquefois comme par hazard & par ſurpriſe ; tel que l'Ecrit des trois Andrés que j'ai bien voulu réfuter pour n'y plus revenir ; mais j'abandonne volontiers aux gens oiſifs & de mauvais goût ces ombres de littérature, pour ne m'attacher qu'à l'eſſentiel, & parvenir avec honneur à mon but.

Linquo quoax ranis, cras corvis, vanaque vanis,
Ad Logicam pergo quæ mortis non timet ergo.
Journal de Verdun, Décembre 1769. Pag. 450.

A Auxerre le 22 Novembre 1769.

ADDITIONS.

ART. I. pag. 9. Les babitans en 1668. avoient manifeſté l'intention de faire ériger une piramide qui devoit, ſelon D. Viole, ſervir de mémorial éternel de ce qui ſe paſſeroit le jour de la Fête de la premiére Année ſéculaire, on leur avait promis de remplir leur deſir. Cette piramide eſt encore à conſtruire, le *Te Deum* annuel a eu le même ſort; il eſt encore à chanter.

ART. II. pag. 14. *ligne* 8. Si les Prédicateurs & les Maîtres d'Ecole ont été chassés quinze ans avant la prise d'Auxerre, l'impression de leur doctrine ayant été gravée dans l'esprit de leurs disciples en caractéres ineffaçables, elle a subsisté beaucoup d'années après cet acte de sévérité apostolique ; & l'intervalle qui se trouve entre l'expulsion & la prise de la Ville, n'est pas une raison capable de justifier le mal qu'a occasionné la trop grande indulgence de l'Evêque qui pouvoit chasser ces deux instrumens de l'hérésie 22 ans plutôt.

Pag. 18. *à la fin de l'art.* III. Ce n'est pas une fois en cent ans que MM. les Vénérables du Chapitre exercent la charité, tous les jours les pauvres ressentent les heureux effets de leurs sentimens de compassion envers ces malheureux. Ils font plus, un d'entre eux l'Archiprêtre M. Balin, leur distribue non seulement ce pain matériel destiné à soutenir le corps, mais aussi ce pain de la parole si recommandé dans l'Ecriture.

J'espérois que cette Apologie paraîtrait le jour de la Fête des trois Andrés, je la leur aurais présenté pour bouquet ; mais l'impression ayant été retardée, elle leur servira d'Etrennes. Je leur souhaite de grand cœur une bonne année, de longs jours, une santé constamment bonne, une meilleure vue, un jugement plus sain, moins d'artifice, & pour la suite plus de succès & d'applaudissemens de la part du Public.

A Auxerre ce 1 *Janvier* 1770.

BULLE du Pape Clément IX. *accordée pour la Procession générale qui se fait à Auxerre le jour de Quasimodo en reconnaissance de la reprise de cette Ville sur les Huguenots par les Catholiques.*

UNiverfis Chrifti Fidelibus Prefentis Litteris infpecturis Salutem & Benedictionem Apoftolicam. Cùm ficut Venerabilis frater Epifcopus ac dilecti Filii Capitulum & Canonici Cathedralis necnon major Ecclefiæ Gubernator aliique Magiftratus Civitatis Altiffiodorenfis nobis exponi fecerunt ; Civitas prædicta quàm hæretici Calviniftæ anno 1567 occupaverant indeque Catholicos expulerant, Ecclefias & alia loca facra deftruxerant & prophanaverant omniaque ibidem Ortodoxæ Religionis figna deleverant, fubfequenti anno 1568. die Dominicâ in albis ex eorumdem hæreticorum manibus divinâ ope liberata fuerit, eaque de caufâ civitatis incolæ in gratiarum actionem ac liberationis hujufmodi memoriam folemnem Proceffionem quot annis eo die facere confueverint, & hoc anno qui centefimus à liberatione hæreticorum numeratur, ejufmodi Proceffionem majori folemnitate facere intendant ; nos ad augendam fidelium religionem & animarum falutem cœleftibus ecclefiæ thefauris piâ charitate intenti, omnibus utriufque fexus Chrifti fidelibus verè pœnitentiâ & confeffione refectis qui proceffio-

B vj

nem per clerum & populum dictæ civitatis, de licentiâ ordinarii Dominicâ in albis & altera immediatè subsequenti hoc anno subsequentibus verò annis Dominicâ in albis tamen in gratiarum actionem libertatis, ut p tur, civitatis prædictæ faciendam devotè comitati fuerint, vel si impediti Processionem hujusmodi interesse non potuerint dictam Ecclesiam Cathedralem eâ die piè visitaverint & ibi pro Christianorum Principum concordiâ, hæresum extirpatione ac sanctæ Matris Ecclesiæ exaltatione pias ad Deum preces effuderint, plenariam pro hoc seculari centesimo liberatione civitatis hujusmodi prædictâ Dominicâ in albis ac per totam Octavam pro subsequentibus verò annis ipsâ die Dominicâ in albis duntaxat peccatorum suorum indulgentiam & remissionem misericorditer in Domino concedimus præsentibus ad septennium tantùm valituris. Volumus autem quòd si pro interpretatione, præsentatione, admissione seu publicatione præsentium aliquid vel minimum detur aut sponte oblatum recipiatur præsentes nullæ sint. Datum Romæ apud sanctam M. majorem sub annullo piscatoris die 28 Februarii 1668, Pontificatûs nostri anno primo.

EXTRAIT du Journal de Verdun,
Mars 1769, page 207.

PRECIS HISTORIQUE

Sur l'année séculaire de la délivrance de la ville d'Auxerre.

SI la ville d'Auxerre a été autrefois regardée comme la Patrie des Saints, elle a été aussi le Théâtre des cruautés & des profanations. Le 28 Septembre 1567, les Huguenots commandés par le Capitaine la Borde, la prirent à la faveur de la trahison de quelques principaux Magistrats gagnés par Chalmeaux, Lieutenant Général du Bailliage; mais elle fut heureusement reprise par les soins généreux & le zèle infatigable de Nicolas Thuilliant & de Jacques Ereux, Capitaines de Bourgeoisie, & de Charles Thiol, Chanoine de l'Eglise Cathédrale, qui n'étoit pas encore promu aux Ordres sacrés. Comme les hérétiques l'avoient pillée, saccagée, & qu'en répandant inhumainement le sang de leurs concitoyens, ils avoient souillé les temples par mille profanations, brisé les châsses, foulé aux pieds les reliques, tiré insolemment sur le S. Sacrement, abbattu presque tous les temples & les statues des Saints, exceptée la statue collossale de S. Christophe, les habitans ont desiré réparer ces horribles scandales; ils ont en conséquence voulu, que le jour de la délivrance de leur Patrie fût solemnifé tous les ans le Dimanche de la Quafimodo, par une proceffion faite de la manière la plus augufte, par un *Te Deum* & un Salut chantés en réjouiffance de cet événement, & pour remercier Dieu des témoignages de fa bonté & de fa clémence qui ont éclatés en faveur de cette Ville. C'eft pourquoi l'affemblée des Notables, pénétrée des fentimens de piété de nos Ancêtres, fe font empreffés de remplir leurs intentions, & ont prié Meffieurs les Officiers Municipaux, de faire célébrer cette fête, avec tout le zèle dont doivent être animés de vrais citoyens; évitant toute pompe difpendieufe, rarement utile dans l'ordre de la Religion. Cette Délibération eut fon effet. L'année féculaire, fut annoncée la veille & le jour de la Quafimodo, par le fon de toutes les cloches de la Ville & par plufieurs décharges d'artillerie. A huit heures du matin, les Chapitres de la Cathédrale, de l'Eglife Collégiale de Notre-Dame de la Cité, le Clergé féculier & régulier revêtus de leurs plus belles chappes & de leurs ornemens les plus diftingués, le Bailliage & Préfidial, le Corps de Ville, celui des Marchands qui forme la Jurifdiction confulaire, précédés de leurs Huiffiers, Hérauts d'armes & Soldats de Ville, allerent proceffionnellement fur deux colonnes, depuis l'Eglife Cathédrale jufqu'à la Bafilique de faint Germain, où l'on chanta une Grand'Meffe en musique ; le S. Sacrement était porté dans les rues les plus fréquentées par deux Chanoines, & les bâtons du Dais, par deux Cordeliers & deux Jacobins, tous décorés de riches dalmatiques : la Bourgeoisie commandée par MM. Nizon, Major, & Liger Tremilly, Ayde Major, ouvroit la marche, accompagnoit le Très-Saint Sacrement, fournissoit un Fusilier à chaque Ecclesiastique, en mémoire des cruautés inouies que les Huguenots ont exercées spécialement sur le Clergé. La Compagnie des Chevaliers de l'Arquebuse, tous en uniforme, formoit l'arriéregarde, elle étoit commandée par M. Rogres de Lusignan de Champignel, Commandeur de Malthe, Brigadier des Armées du Roi & ancien Capitaine des Gardes Françoises ; M. le Comte de Sparre, Maréchal des Camps & Armées du Roi, Commandant de l'Ordre Royal Militaire de Saint Louis, & ancien Colonel du Régiment Suédois; M. de Chenu, Chevalier de l'Ordre Royal Militaire de Saint Louis, ancien Capitaine dans le Régiment de Royal Vaisseau. Les rues étoient tendues dans tous les endroits où devoit passer la Procession, qui faisoit des stations de distance en distance à des Reposoirs superbes que l'on avoit dressés, parmi lesquels on remarquoit celui de l'Hôtel de Ville, magnifique dans sa simplicité. La Procession arrivée sur la Censive de l'Abbaye de Saint Germain, le Saint Sacrement fut repris par les Religieux Bénédictins, droit précieux qu'ils ont conservé jusqu'à présent. Pendant la Procession, on voyoit un concours de peuple prodigieux, formé par les habitans & les étrangers que la solemnité de la Fête avoit attiré au nombre de plus de vingt-cinq mille. Le soir il y eut prédication sur la délivrance de la Ville, par M. Touvenot Théologal : on chanta ensuite les Vêpres, le *Te Deum* & le Salut, auxquels assisterent le Clergé, les Magistrats dont j'ai fait mention, & Messieurs de l'Assemblée des Notables. Sur les huit heures du soir, le Corps de Ville se réunit & se transporta chez M. Colombet, Chanoine Notable de l'Ordre Ecclésiastique, pour voir tirer un fort beau feu d'artifice, dans la place qui fait face à l'Eglise Cathédrale ; il fut allumé par deux Dragons que firent partir de la maison de ce Chanoine, M. Huet, Archidiacre officiant, & M. le Comte de Sparre. La Fête fut terminée par un gala donné à l'Hôtel de Ville, auquel furent invités Messieurs de l'Assemblée des Notables & plusieurs personnes de la plus haute considération. Ce jour s'est passé dans la plus grande tranquillité, malgré l'affluence & le concours d'un peuple immense, relativement à la grandeur de la Ville. On admiroit dans la plûpart des citoyens, cet esprit de piété, & l'aversion que tout François doit concevoir de l'hérésie, source trop fréquente des troubles qui régnent dans les Etats. On est redevable du bon ordre qui a régné, au zèle pieux & à la vigilance de Meſſieurs les Officiers Muñicipaux.

Je ne puis paſſer ſous ſilence deux circonſtances remarquables, relatives à la délivrance de cette Ville. Depuis cinq heures du matin juſqu'à l'heure de midi, on tint les portes de la Ville fermées, & une cloche de la Baſilique de Saint Loup, ne diſcontinua pas de ſonner; parce qu'à l'heure où cette Ville fut repriſe ſur les Huguenots, ceux-ci étoient au prêche, dans l'Egliſe de S. Amatre, lieu le plus favorable pour ces anti-Catholiques; & qu'il ne ſe trouvoit dans Auxerre, qu'une ſeule cloche qui, montée par les habitans dans le clocher de l'Egliſe Paroiſſiale de ſaint Loup, ſonna le tocſin pour raſſembler les habitans. Ce moment heureux fut l'époque de la repriſe de cette Cité, que l'héréſie ravagea, & dont M. Dinteville, pour lors Evêque, ne put empêcher les progrès, malgré les ſages précautions qu'il prit de chaſſer les Maîtres d'Ecoles publiques, répandus dans tous les quartiers qui enſeignoient l'erreur; mais je crois que ces précautions avoient été trop tardives; le mal n'avoit pas été attaqué dans ſon principe. Je ne parle que d'après le célébre M. le Beuf, Chanoine d'Auxerre, notre ſavant compatriote. D'après cette triſte expérience, je puis aſſurer qu'on verra arriver les mêmes inconvéniens, toutes les fois qu'une fauſſe politique l'emportera ſur l'esprit de Religion qui doit diriger les Pasteurs Ecclésiastiques qui sont obligés de veiller sur la conduite, les mœurs & les sentimens des Maîtres d'Ecoles établis dans leurs Diocèses. Je finis par faire observer que le jour de la Quasimodo, on a substitué à l'usage de porter des cierges pour faire amende honorable au S. Sacrement, une distribution de pain en faveur des Pauvres, conformément aux conclusions du Chapitre de la Cathédrale & des Officiers Municipaux. Ce qui a rapport au plan admirable que l'on exécute pour détruire la mendicité.

A Auxerre, *le 18 Avril 1768.*

HOUSSET, *Médecin des Hôpitaux, Notable de la Ville d'Auxerre.*

OBSERVATIONS

Sur le Précis Historique qui précède.

Extrait du Journal de Verdun, Octobre 1769.

La mémoire de la solemnité, qui a été célébrée à Auxerre le 10 Avril 1768, méritoit d'être conservée. L'Auteur du *Précis Historique* a voulu la transmettre. Il auroit été applaudi, s'il avoit mis plus d'ordre dans la narration, plus de clarté & plus de correction dans le style, plus d'exactitude dans les faits, plus de justesse dans les réflexions. Ces qualités sont essentielles à l'Histoire. On a été fort surpris de n'en trouver aucune dans le *Précis*. Il a paru nécessaire d'en relever les principales fautes, afin de détromper les Etrangers & la Postérité.

I. L'Auteur a mêlé & confondu ce qui se fait tous les ans depuis deux siécles avec ce qu'on a ajouté cette année 1768 pour rendre la cérémonie plus solemnelle. *Page* 208. Il dit que « ce jour est solemnisé tous les ans par » un *Te Deum.* » Le *Te Deum* ne se chante point tous les ans, & n'a jamais été chanté depuis que l'Auteur est au monde ; mais il a été ajouté cette année aux cérémonies ordinaires. *Page* 210. « Le soir il y eut Prédica- » tion par M. le Théologal ; & ensuite Vê- » pres. » Comme s'il n'y avoit pas tous les ans un Sermon par M. le Théologal ; & comme si les Vêpres n'étoient pas chantées tous les jours de l'année dans la Cathédrale.

II. *Page* 211. « Epoque de la reprise de cette Cité, que l'Hérésie ravagea, & dont M. Dinteville, *pour lors* Evêque, ne put empêcher les progrès. » Voilà un anachronisme de treize ans. L'Auteur fait profession de *ne parler que d'après M. le Beuf notre savant compatriote.* Il ne pouvoit suivre un meilleur guide. Comment donc a-t-il pu le contredire si formellement ici & ailleurs ? Selon M. le Beuf, M. Dinteville est mort au mois de Septembre 1554. La Ville fut prise en Septembre 1567 ; par conséquent treize ans après la mort de M. de Dinteville.

III. *Même page.* L'Auteur dit que ce même M. de Dinteville « avoit pris la sage précaution de chasser les Maîtres d'Ecoles publiques, répandus dans tous les quartiers, qui enseignoient l'erreur : mais que cette précaution avoit été trop tardive. » 1°. On ne sçait si l'Auteur a voulu parler des quartiers de la Ville, ou de ceux du Diocèse. 2°. Pourquoi l'Auteur ne parle-t-il que des Maître d'Ecoles, tandis que M. le Beuf parle en même tems de Prédicateurs sans mission ? 3°. M. le Beuf dit que ces Maîtres d'Ecole & ces Prédicateurs sans mission, avoient été chassés du Diocèse plus de quinze ans avant la prise de la Ville. La précaution n'avoit donc pas été *trop tardive.* En quatre lignes voilà trois fautes fort opposées à M. le Beuf & à la vérité. Si l'Auteur avoit voulu le suivre, il auroit parlé de la longue absence du Cardinal de la Bourdaisiere. Ce Cardinal étoit Evêque d'Auxerre depuis 1560, & quand la Ville fut prife en 1567, il n'avoit pas encore mis le pied dans fon Diocèfe, malgré les inftances réïtérées du Chapitre, qui lui avoit repréfenté combien fa préfence étoit néceffaire pour arrêter le progrès de l'héréfie. Cela méritoit bien d'être rapporté, au lieu de parler de Maîtres d'Ecole, qui n'étoient plus dans le Diocèfe depuis plus de quinze ans.

IV. *Même page* 211. « On verra arriver les » mêmes inconvéniens toutes les fois qu'une » fauffe politique l'emportera fur l'efprit de » Religion qui doit diriger les Pafteurs Eccléfiaftiques. » Qu'eft ce que l'Auteur a voulu faire entendre par cette phrafe obfcure & embrouillée ? S'eft-il entendu lui-même ? Accufe-t-il les Pafteurs Eccléfiaftiques de faire céder l'efprit de Religion à une fauffe politique ? S'il ne les a pas en vue, fur qui peuvent tomber fes reproches & fes craintes.

V. *Même page* 211. « Le jour de la Quafimodo, on a fubftitué à *l'ufage* de porter » des cierges, une diftribution de pain en fa- » veur des pauvres. » Cet *ufage* eft une chimère inventée par l'Auteur. Depuis cent ans on n'a point porté de cierges à cette proceffion. La vérité eft que fur la propofition faite au Chapitre par les Officiers Municipaux de porter des cierges, les Chanoines ont conclu de diftribuer aux pauvres huit cens livres de pain à leurs dépens, eftimant cette dépenfe préférable à celle des cierges ; ce qui a été exécuté. Pourquoi l'Auteur ne fait-il pas honneur au Chapitre d'une aumône si bien placée ?

VI. *Page* 212. L'Auteur ajoute : « Ce qui » a rapport au plan admirable que l'on exécu- » te pour détruire la mendicité. » On convient que ce plan est admirable, mais on ne voit pas quel rapport peut avoir à ce plan, une aumône faite une fois en cent ans.

VII. L'Auteur prodigue le nom de *Basilique*, même à l'Eglise Paroissiale de S. Loup, apparemment pour orner son discours par un terme pompeux. Il paroît ignorer que ce mot n'est plus d'usage que pour les principales Eglises de Rome, & que dans l'antiquité on le donnoit aux Palais des Empereurs (1).

VIII. *Page* 209. « La bourgeoisie fournis- » soit un Fusilier à chaque Ecclésiastique, en » mémoire des cruautés inouies que les Hu- » guenots ont exercées spécialement sur le » Clergé. » Voilà une raison à laquelle personne n'avoit pensé. C'étoit uniquement pour écarter la foule, & rendre la marche plus libre & plus décente. Rien de plus simple & de plus naturel.

IX. *Page* 209. « La Procession arrivée sur » la Censive de l'Abbaye de S. Germain, le S. » Sacrement fut repris par les Religieux Be- » nédictins : droit précieux, qu'ils ont conser-

---

(1) L'Auteur paroît un peu sévère dans quelques-unes de ses critiques, & notamment dans celle-ci. A la rigueur on peut donner le nom de *Basiliques* à des Cathédrales, & autres Eglises principales. Il faut convenir cependant que ce terme ne s'emploie guères en François, que lorsqu'il s'agit d'antiquité.

» vê jusqu'à présent. » Pourquoi *repris* ? Cela pourroit faire croire qu'ils l'avoient déja porté auparavant, ce qui n'est point. De plus, l'Auteur nous feroit grand plaisir de nous apprendre d'où vient ce prétendu droit. Ceux qui s'appliquent depuis long-tems à rechercher l'origine de nos anciens usages, n'ont encore rien trouvé de certain sur celui-ci ; ils n'ont que des conjectures.

X. *Page* 210. » Le feu d'artifice fut allumé » par deux dragons, que firent partir M. » Huet, Archidiacre officiant, & M. le Com- » te de Sparre. » Il falloit dire : M. Huet, Grand Archidiacre, qui avoit officié à la Procession & à la Grand'Messe, & M. le Comte de Sparre. M. Huet avoit été escorté par des Soldats de Ville depuis sa maison jusqu'à celle de M. Colombet.

XI. *Même page.* « La fête fut terminée par » un gala. » *Gala* est un mot nouveau, qui ne signifie pas seulement un souper, mais toute forte de réjouissances. Il falloit mieux dire : *par un grand festin*.

XII. *Même page.* « L'aversion que tout Fran- » çois doit concevoir de l'hérésie. » Ce n'est pas assez dire ; il falloit mettre : l'horreur que tout Catholique, & tout bon Citoyen, doit avoir de l'hérésie.

XIII. L'Auteur répéte trois fois ; Dimanche de *la* Quasimodo. On dit bien, Dimanche de Quasimodo ; mais on n'a jamais dit, Dimanche de *la* Quasimodo.

XIV. *Page.* 208. « Les hérétiques avoient

» abattu presque tous les Temples. » Cela n'est point vrai. Il n'y eut que l'Eglise de Notre-Dame de la Cité, dont une partie fut démolie.

XV. *Page* 207. Les noms des Libérateurs de notre Patrie sont bien défigurés. Il falloit mettre *Thuillant*, & non *Thuilliant*; *Creux*, & non *Ereux*; *Thiot*, & non *Thiol*. Nous voulons bien croire que ces fautes viennent de l'Imprimeur, & non de l'Auteur.

XVI. Enfin, si nous voulions relever tous les autres défauts qui se trouvent dans ce *Précis Historique*, nous ferions un écrit dont la longueur deviendroit ennuyeuse. Nous nous bornerons au titre, & nous finirons par-là nos remarques. 1°. *Précis Historique* est la même chose que Histoire abregée. Or on n'a jamais dit : Histoire *sur* un tel événement ; mais *d'un* tel événement. Il falloit donc mettre *de* l'Année Séculaire, & non *sur* l'année. Un Médecin a publié depuis peu un Livre intitulé : *Précis Historique de la Nouvelle Méthode d'inoculer*, &c. il n'a pas mis *sur* la nouvelle Méthode, &c. 2°. Il falloit mettre de la *seconde* année séculaire. 3°. Dans ce Précis il n'est point parlé de toute l'année ; mais d'un seul jour de cette année. L'Auteur se seroit exprimé avec plus de justesse & de clarté, s'il avoit mis un titre comme celui ci, ou en termes équivalens : *Relation des Cérémonies observées à Auxerre, pour solemniser la seconde Année Séculaire de la délivrance*, &c.

FIN.

www.ingramcontent.com/pod-product-compliance
Lightning Source LLC
LaVergne TN
LVHW021701080426
835510LV00011B/1514